Mar 17

Bisontes americanos

Grace Hansen

Abdo
ANIMALES DE
AMÉRICA DEL NORTE
Kids

abdopublishing.com

Published by Abdo Kids, a division of ABDO, PO Box 398166, Minneapolis, Minnesota 55439.

Copyright © 2017 by Abdo Consulting Group, Inc. International copyrights reserved in all countries. No part of this book may be reproduced in any form without written permission from the publisher.

Printed in the United States of America, North Mankato, Minnesota.

102016

012017

 THIS BOOK CONTAINS
RECYCLED MATERIALS

Spanish Translator: Maria Puchol

Photo Credits: iStock, Shutterstock

Production Contributors: Teddy Borth, Jennie Forsberg, Grace Hansen

Design Contributors: Laura Mitchell, Dorothy Toth

Publisher's Cataloging-in-Publication Data

Names: Hansen, Grace, author.

Title: Bisontes americanos / by Grace Hansen.

Other titles: American Bison. Spanish

Description: Minneapolis, MN : Abdo Kids, 2017. | Series: Animales de
    América del Norte | Includes bibliographical references and index.

Identifiers: LCCN 2016947800 | ISBN 9781624026645 (lib. bdg.) |
    ISBN 9781624028885 (ebook)

Subjects: LCSH: American bison--Juvenile literature. | Bison--Juvenile literature.
    | Spanish language materials--Juvenile literature.

Classification: DDC 599.64/3--dc23

LC record available at http://lccn.loc.gov/2016947800

Contenido

Bisontes americanos

Los bisontes americanos viven en las Grandes Llanuras. Las Grandes Llanuras se extienden a lo largo de Estados Unidos y Canadá. Estos bisontes también viven en Alaska.

4

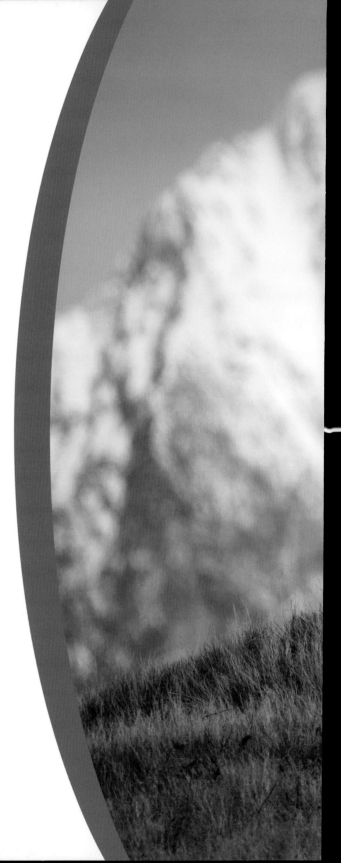

5

Los bisontes son muy grandes.

Son los animales terrestres más

pesados de América del Norte.

Los bisontes tienen las patas

fuertes. Sus **pezuñas** son

grandes.

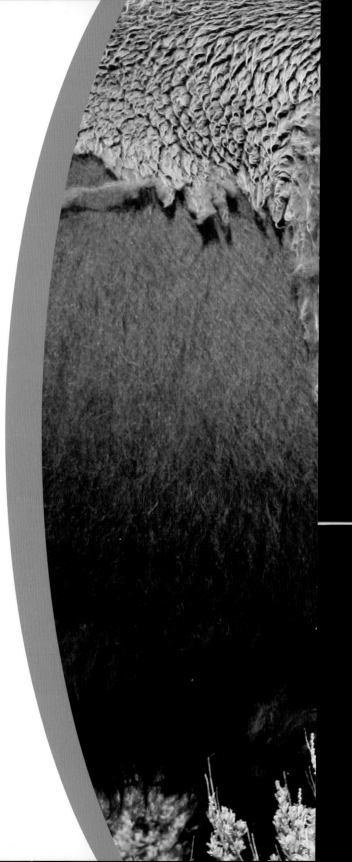

Los bisontes tienen el pelo largo y de color café. Su pelaje es muy denso y los mantiene calientes en el invierno. Mudan de pelo en la primavera.

Los bisontes tienen dos
cuernos encima de la cabeza.
Los cuernos son pequeños y
curvos. Los machos usan los
cuernos para luchar.

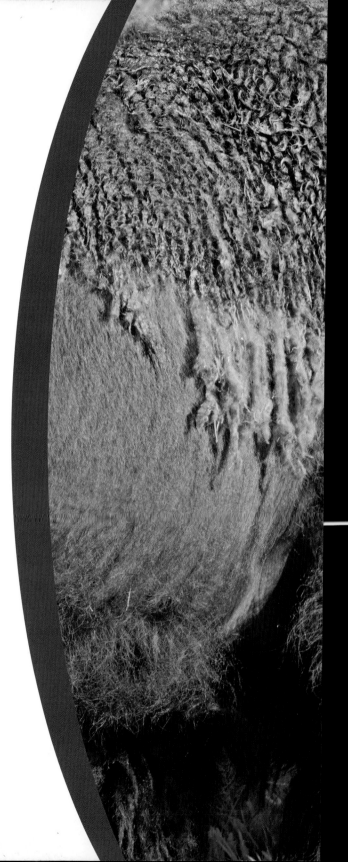

El bisonte tiene una gran joroba en la espalda. Esta joroba es fuerte. **Soporta** el peso de su gran cabeza.

14

15

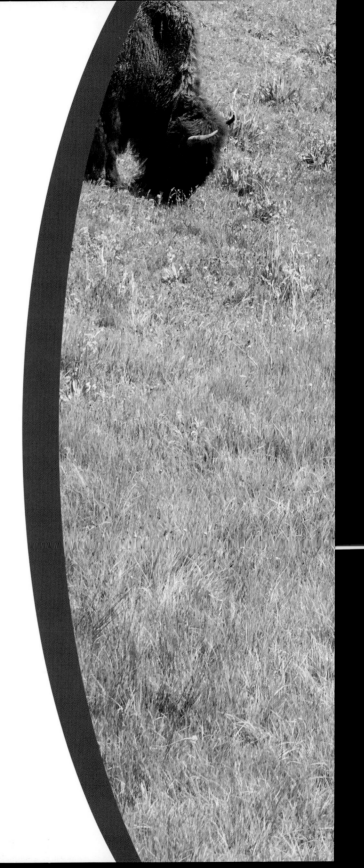

Alimentación y pastoreo

Los bisontes son **rumiantes**.

Se pasan el día comiendo.

17

Los bisontes se alimentan de las

plantas que hay en las praderas.

Comen pasto y arbustos.

También comen ramitas.

19

Crías de bisontes

Los bisontes recién nacidos se llaman crías. Las crías tienen el pelo rojizo. Las madres amamantan a las crías 6 meses.

20

21

Más datos

- Un grupo de bisontes que viven juntos se llama una manada.

- Los bisontes usan la joroba para mover la cabeza hacia delante y hacia atrás. Esto les ayuda a mover la nieve en el invierno. ¡Hay pasto debajo de la nieve!

- Las hembras de bisonte pueden pesar 1,200 libras (544 kg). ¡Los machos pueden pesar 2,000 libras (907 kg)!

Glosario

manada– grupo de animales.

mudar – cambio natural del pelo de los animales.

pezuña – cubierta dura que protege el pie de un animal.

rumiante – animal que se alimenta continuamente de vegetales.

soportar – sostener sobre sí.

Índice

abdokids.com

¡Usa este código para entrar en abdokids.com y tener acceso a juegos, arte, videos y mucho más!

Código Abdo Kids:
AAK1071